শূন্যের কাছে স্বীকারোক্তি

শূন্যের কাছে স্বীকারোক্তি

প্রমিতা ভৌমিক

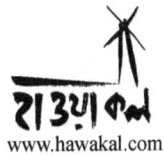

হাওয়াকল
www.hawakal.com

প্রথম প্রকাশ ডিসেম্বর ২০১৭

© লেখক

প্রচ্ছদ : আকাশ সেন

হাওয়াকল পাবলিশার্স কর্তৃক ১৮৫, কালি টেম্পল
রোড, নিমতা, কলকাতা—৭০০০৪৯ থেকে প্রকাশিত
এবং এস পি কমিউনিকেশনস,
গড়পাড় রোড,কলকাতা ৭০০০০ ৯
থেকে মুদ্রিত।

info@hawakal.com
8420758224

১৫০.০০/-
www.facebook.com//hawakaal.publishers

ISBN: 978-81-935325-8-4

রাত বাড়লে যারা স্বীকারোক্তি লিখে রেখে যায়
আর ভোর হলে ফিরে আসে শূন্যের কাছে,
তাদের জন্যে...

সূচিপত্র

অসুখের পর ৯ মধ্যরাতের কবিতা ১০ সম্পর্ক ১১ আলো অন্ধকারে ১২ ভিড়ের ভিতরে ১৩ রাক্ষসীজীবন ১৪ অভাব ১৫ রোজনামচা ১৬ না জন্মানো মেয়েকে ১৭ ইদানীং ১৮ জন্মবীজ ১৯ কয়েকটা দিন ২০ বাবা: এক ২১ বাবা: দুই ২২ বাবা: তিন ২৩ মাঝে মাঝে ২৪ দূরত্ব ২৫ স্বপ্নের ভেতরে ২৬ উদাসীন ২৭ দীর্ঘকবিতার পাশে ২৮ যাপন ২৯ সপ্তম ঋতু ৩০ পিছুটান ৩১ মন কেমনের আলো ৩২ ফেরা:এক ৩৩ ফেরা:দুই ৩৪ মুখোশের রঙ ৩৫ ভবিষ্যতের স্মৃতি ৩৬ বসন্ত বিকেল ৩৭ সাদা কালো পথ ৩৮ মরা জ্যোৎস্নায় ৩৯ মৃত্যু ৪০ উঠোন ভরা দুপুর ৪১ প্রশ্ন ৪২ প্রাক্তন ৪৩ অভ্যাস ৪৪ না ৪৫ নতুন কবিতা ৪৬ মিথের আড়ালে ৪৭ নাছোড় সকাল ৪৮ ব্যবধান ৪৯ ভোর ৫০ অপেক্ষার রঙ ৫১ তাপমাত্রা বিষয়ক: এক ৫২ তাপমাত্রা বিষয়ক: দুই ৫৩ ঘর ৫৪ মানুষ ফেরার গন্ধে ৫৫ গ্রহণ ৫৬ সভ্যতা ৫৭ শীত ৫৮ লুকানো অসুখ ৫৯ স্বাধীনতা ৬০ সূর্যাস্ত ৬১ সংসার ৬২ শুশ্রূষা ৬৩ শূন্যের কাছে স্বীকারোক্তি ৬৪

অসুখের পর

আপাতত জলের ধারায় মিশে যাক
ছোট-ছোট গুল্মলতা, কাঁকর, মাটি, স্রোত;
ধুয়ে যাক নাশকতা, কালরাত্রি, হিম—
তারপর একদিন সেরে উঠব ঠিক

আমি হেরে যাচ্ছি জেনে
যারা মনে-মনে স্বস্তি পেয়েছে এতদিন
তাদের উদ্বেগ আমাকে সুস্থ করে তোলে—

আমি চলে গেলে সন্তর্পণে
যারা সুখী হবে জানি,
তাদের জন্য আমার ভালবাসা
কেঁপে ওঠে গোপন কোষে-কোষে

আপাতত জলের ধারায় মিশে যাক
লাভ-ক্ষতি, বাজারের বাৎসরিক ক্ষোভ

সাদা বালিশ, বিছানা ফেলে রেখে
আমি খুঁজে নিই মানুষের ভাষা।

মধ্যরাতের কবিতা

ফেলে আসা রাস্তাঘাট, পোড়োবাড়ি, স্মৃতি-বিস্মৃতি,
আলো-ছায়াময় নদী, ঘুম, আশ্চর্য হাসির গায়ে
ছড়িয়ে পড়ছে পুরনো ওষুধের গন্ধ;
হেলে যাওয়া কাহিনিগুলো সরে যাচ্ছে দূরে
সবাই অন্ধকার হয়ে উঠছে ক্রমশ

ধরো, এরকমই এক মাঝরাতে
জন্ম নিচ্ছে তোমার প্রথম সন্তান,
আর তুমি স্মৃতিভ্রষ্ট হয়ে
ফিরে তাকাচ্ছ পূর্বজন্মের দিকে;
ছুঁয়ে দেখছ তলপেট, নাভি—
মাটিতে পা ফেলতে কষ্ট হচ্ছে তোমার

কয়েক মুহূর্তের মধ্যে ঘুম আসছে চোখে,
তোমার ঈশ্বর বসে পাশা খেলছে
তোমারই মাথার পাশে—
তুমি তাকে অনায়াসে চিনিয়ে দিচ্ছ
এক অলীক সঙ্গম;

আর তোমাদের মাঝখানে বেঁকে যাচ্ছে ছাই মাখা পথ।

সম্পর্ক

অনেক ইচ্ছে-অনিচ্ছেকে সরিয়ে রেখে
বিশ্বাস করেই ফেললাম
পরস্পরকে আমরা সন্দেহ করি না আর—

এমন তো হতেই পারে
এরপর দরজার আড়ালে গিয়ে আমরা
ভুলে যাব একে অপরের মুখ,
কেউ খুঁজবে না আমাদের
কেউ ডাক পাঠাবে না আর

এমন তো হতেই পারে
স্নানঘরে তোয়ালে ফেলে রেখে
তুমি চলে যাবে দূরে,
আমার অনুপস্থিতিকে অনিবার্য ভেবে
নিরীহ হয়ে উঠবে বেশ কিছুটা

তারপরও ঘুম আসতে পারে—
বিনা শর্তে ভেসে যেতে পারি শরীর-জলে;
কোনও প্রশ্ন, অভিব্যক্তি, প্রতিবাদ ছাড়াই
বিশ্বাস করে ফেলতে পারি—
পরস্পরকে সন্দেহ ছাড়া আর কিছুই করি না আমরা।

আলো অন্ধকারে

আবছা আলোয় মাথার ভিতর জমে উঠছে ঘুম—
আমার উঠোন থেকে বাগানে, বাগান থেকে রাস্তায়
ছড়িয়ে যাচ্ছে পেতে রাখা সংসার,
দু চোখ থেকে মাটি অবধি ফেলে আসা ঘরবাড়ি

ফোঁটা-ফোঁটা ক্ষোভ ঝরছে তোমার মস্তিষ্কের পাশে—
তুমি তাকে শুষে নিচ্ছ, মেখে নিচ্ছ দুই হাতে;
মাঝে মধ্যে গাঢ় বিষ ভাসছে দূর হাওয়ায়—
কিছুটা ঈশ্বর আর খানিকটা পুরুষ
জেগে উঠছে তোমার ভিতরে

আধখানা গেরস্থালি সরিয়ে রেখে
আমিও ঢুকে যাই নতুন সাজঘরে,
মানুষের হাঁটা-চলা, ফিকে হওয়া হাসি
নুয়ে পড়ে বেঁকে যাওয়া আলো অন্ধকারে

বন্ধ হয়ে আসে আমার তৃতীয় চোখ,
নিজেকেও ভুলে যেতে পারি ভেবে
আমি ছুটে যাই তোমার দিকে।

ভিড়ের ভিতরে

ভিড় বাসস্টপে দাঁড়িয়ে
মানুষের ব্যস্ততা দেখি প্রতিদিন,
চোখ-মুখ-দাঁত-নখ জুড়ে
খিদে নিয়ে তারা দৌড়ে যাচ্ছে
চেনা রাস্তা ধরে—
তাদের ব্যস্ত ঠোঁটের পাশে
জমে থাকে জন্মান্ধ লালা

এত কাছ থেকে ইদানীং ব্যস্ততা দেখি
এত দূর থেকে দেখি
বদলে যাওয়া গায়ের রঙ,
মাথার খুলিতে চিনচিনে ব্যথা—
আমাকে ধাওয়া করে চলে
এক উদ্বাস্তু, হাঘরে আরাম

জীবন গোছাতে-গোছাতে সন্তর্পণে
দীর্ঘশ্বাস ফেলছে যারা,
তাদের গভীর অসুখের কাছে
হার মানে আমার কর্কট

ভিড়ের ভিতরে মিশে যেতে-যেতে
আমি থেমে থাকি তারপর।

রাক্ষসীজীবন

ধীরে-ধীরে ঘুমিয়ে পড়ছে ফেলে আসা সন্তাপ
ওষুধের ঘোর লাগা বাতিল হিসেব—
অন্ধকার গিলে খাচ্ছে সমস্ত শরীর
গলা অব্দি নিশিডাক,
পায়ের নীচে অধঃপতন
কলমের পাশে চিত হয়ে পড়ে আছে কবিতা

বালিশ থেকে কিছুটা দূরে
স্বপ্নের বাঁ দিক ধরে
বনপথে হেঁটে যাচ্ছে পুরুষের ছায়া;
সর্বস্ব পুড়িয়ে একটামাত্র স্থির বিন্দুতে
মিলছে গাছঘর, আলপনা,
বৃত্তাকারে উড়ে যাওয়া নেশার আরক

অন্যদিকে নিয়ত অসুখের ঘোরে
ভয়ে-ভয়ে সন্তর্পণে লুকিয়ে রাখছি
পুড়ে যাওয়া চুল, পিঠ,
স্তন, নাভি, রাক্ষসীজীবন।

অভাব

হাত পেতে থেকো না ওভাবে—
যে ভিক্ষা চাইছ তুমি,
সেই খিদে আমারও সংসারে
ভাঙা বাঁধে ভেসে যায় জল,
পুরনো মুখোশ খুলে শব্দেরা আসে
ত্রাণ ভেবে শুষে নিও তাকে

ছাপা হরফের পাশে
অবিরাম বৃষ্টি ঝরছে সারাদিন,
পাহারা বসেছে শহরে

কার জন্যে হেঁটে যাচ্ছি, কে জানে !

রোজনামচা

প্রতিদিন হেরে যাচ্ছি
আর নীল পাখি উড়ে যাচ্ছে দূরে—
শূন্যের ওপর, ভোরের রাস্তায়, প্রশ্নের ভেতর
কবুল করছি আমার অর্থহীন বেঁচে থাকা,
ঈষৎ কাঁপা হাতে ছুঁয়ে আছি
প্রাচীন জলাশয় থেকে উঠে আসা
ক্রমাগত ক্ষীণ হয়ে চলা মানুষজন্ম

ধুলো উড়ছে, অন্ধকার দলা পাকিয়ে উঠছে
বুকের ভেতরে থাকা রঙিন ঋতুতে;
আর তোমার মুখের দিকে চেয়ে
আরও একবার হেলে পড়া সূর্যাস্ত
দেখতে চাইছি আমি।

না জন্মানো মেয়েকে

ভোর রাতে ইদানীং স্বপ্নে দেখি
আমার না জন্মানো মেয়েকে,
তার ছোট দুই হাতের মুঠোয়
শক্ত করে ধরা আমার আঙুল;
সমস্ত শরীর ভিজে ওঠে ঘামে—
অযথাই ঘুম ভেঙে যায়

আধখোলা চোখের সামনে
দু হাত বাড়িয়ে ছুটে আসে সে,
দীর্ঘ নাড়িপথ ধরে এতকাল
ছড়িয়ে ছিল আমাদের রূপকথা—
হীরামন, দুয়োরাণী, মৎস্যকন্যা সুখ

আলো বেড়ে গেলে পিছল শরীরে
লেগে থাকে দম বন্ধ তীব্র অসুখ,
পুতুলখেলার ঘর হেলে পড়ে অনিবার্য ঘুমে।

ইদানীং

ইদানীং তার দেখা পাই—
দেখা পাই ভোরের স্বপ্নের পাশে,
নিরাপদ উপশম হয়ে ফিরে যায়
কখনও বা আয়নায় আলো ফেলে
দেহের ভেতর থেকে বের হয়ে
আসে নতুন শরীর

নিঃশব্দ ওষুধ হাতে
এগিয়ে যাই তার দিকে,
তার হাত, পা, মাথাহীন
অবয়ব জুড়ে বিচ্ছিন্ন শিরা-উপশিরা;
আমার কানের পাশে বিড়বিড় করে—
সংসার ভেসে যায়

আনমনে তার দেখা পাই,
নিজেই নিজের কাছে বিনিময় করি
ভাঙা-মন, স্মৃতি-সুখ, চোখের পলক।

জন্মবীজ

রঙহীন বিপদের গা ঘেঁষে
বার-বার ফিরে তাকাচ্ছ ছায়ার চারপাশে;
কতদিন টান নেই শরীরে,
কতদিন বনটিয়া ওড়ে না
সত্যি-মিথ্যের মাঝ বরাবর —

সঙ্গীহীন পুরুষের পাশে
নিঃসঙ্গ নারীর মতো চৌকাঠে
আঁক কাটছি আমি,
অন্ধকারে দোল খাচ্ছে পুরনো গাছেরা
দক্ষিণের দরজা দিয়ে ধীরে-ধীরে
হেঁটে আসছে কেউ;

আমার গর্ভে তার জন্মবীজ বোনা।

কয়েকটা দিন

শহরের মাথার পাশ দিয়ে
লাফিয়ে উঠছে সম্পূর্ণ আলাদা দুটো স্বপ্ন—
কেমন যেন মৃত্যু হয়ে শুয়ে আছি
বেশ কয়েকটা দিন,
ফাঁকা হাওয়ায় ক্রমাগত ছুঁড়ে দিচ্ছি ভয়

আর আত্মহত্যার ছবি দেখব না
খবরের কাগজের প্রথম পাতায়;
কয়েক বছর টিকে থাকার জন্য
পৃথিবীর খবর শুনতে-শুনতে
ঘুমোতে যাব না মাঝরাতে

শহরের কানের পাশ দিয়ে
স্বপ্নেরা হনহন করে হেঁটে গেলে
ধুলো পায়ে ঘরছাড়া হব আমি,
কয়েকটা দিন জীবনের দিকে চেয়ে
ছুঁয়ে থাকব নুন, ঘাম, সৌরজগৎ।

বাবা

এক

সুস্থ হবে বলে
পেরিয়ে যাচ্ছ আমাদের ঘর, উঠোন,
তোমারই কেয়ারি করা সাজানো বাগান
অন্ধ ঈশ্বর লিখে দিচ্ছে পুরনো হরফ

অসুখ এসেছে আজ,
তার হাত ধরে খেয়া পারাপার—
সকাল-বিকেল ফেলে রেখে
বাবা ছুঁয়ে আছে
স্নায়ু, শিরা, অন্তরীক্ষ, মেঘ...

বাবা

দুই

হাসপাতালে মরিয়া লাইন—
ওষুধ সাজানো, লুকানো অসুখ
ছড়িয়ে রয়েছে বিছানায়,
রক্ত-পুঁজ-ঘুম মেখে
শুয়ে আছে বাবা

যকৃতে গভীর কর্কট—
নিজের দিকে ফিরে চেয়ে
পরখ করছে এক আশ্চর্য আয়ুরেখা।

বাবা

তিন

তিনি চলে গেলেন

ধূপ, মালা, চন্দন ঘেরা শান্ত শরীর
গত রাতে ছুঁয়েছি—
আর কোনও ইশারা নেই,
চশমা খোলা আছে টেবিলে

দরজা খুলব বলে একটু এগিয়ে
থমকে দাঁড়িয়ে আছি;
হৃৎপিণ্ড ভেদ করে
একটা চিনচিনে ব্যথা মাথার ভেতর দিয়ে
হাওয়ায় নিভে গেল।

মাঝে মাঝে

মাঝে মাঝে দু-একটা দুর্যোগের রাত
জেগে উঠুক ভাঙা অন্ধকারে,
রানওয়ে জুড়ে ছড়িয়ে যাক দীর্ঘ আকাশ
ত্রিকোণ দ্বীপের গায়ে লেগে থাক তীব্র অসুখ—
কিছু স্বপ্নের মৃত্যু হবে ভেবে
অন্তত একবার ভাতের অভাব আর প্রেমের অভাব
একসঙ্গে কথা বলুক মানুষের মস্তিষ্কের পাশে;
দরজা খোলার পর সরে যাক চেনা নির্বাসন,
ঠিক রাস্তা খোঁজার আগেই ভিড়ের ভেতরে
মিশে যাক বছর, মাস, দিন

মাঝে মাঝে দু-একটা দুর্যোগের দিন
বদলে দিক ঈশ্বরের মানে।

দূরত্ব

যাওয়া আর আসার মাঝে দূরত্ব বেশি নয়;
কয়েক পা এগোনো, পিছোনো—
দু হাত ওপরে তুলে
স্থায়ী-অন্তরা শূন্যে লোফালুফি

আসা আর যাওয়ার মাঝে বেঁকে যাওয়া পথ
যেন অজানা স্বরের গায়ে লেগে থাকা সুর

অনেকটা আমার না জন্মানো মেয়ের মতো—
আছে অথচ নেই।

স্বপ্নের ভেতরে

একটা রাস্তা হাঁটতে-হাঁটতে চলে যাচ্ছে দূরে—
কোনও অন্ধকার ছাড়াই
খানিকটা ভয় পাচ্ছি আমি

আমার মাথা ভর্তি অক্ষর
আর নীল হয়ে ওঠা আকাশ;
ক্রমাগত নেমে যাচ্ছি সুড়ঙ্গের নীচে—
সমস্ত লেখা মাথার পাশ দিয়ে
উড়ে যাচ্ছে দূরে

পারদে জ্বরের রেখা, ধুলো মাখা জিভ
বানানো গল্পের মতো শূন্য থেকে
ঝরে পড়ছে ফোঁটা-ফোঁটা শব্দ—
সেই রাতে স্বপ্ন দেখি আমি

আর প্রতিটা স্বপ্ন স্মৃতি হয়ে ওঠে।

উদাসীন

চার মাথার মোড়ে দাঁড়িয়ে
নির্লিপ্ত হয়ে উঠছি অযথাই,
মাল্টিপ্লেক্সের আলো-আঁধারি পার হয়ে
হেঁটে যাচ্ছি বাইলেন ধরে

প্রেমে পড়ার ঠিক আগে
রাজনীতি-ধর্ম-ঈশ্বর—
সবকিছুই নিরুত্তর হয়ে আছে আজ

ঠাণ্ডা কফিশপে নিজের হাতে হাত রেখে
ক্যাপুচিনোর একলা চুমুকে
কেমন যেন নার্সিসিস্ট মনে হচ্ছে নিজেকে

এই উদাসীনতার সমীকরণ নেই কোনও।

দীর্ঘকবিতার পাশে

এরপর দীর্ঘকবিতার পাশে
আমি লিখে ফেলব প্রথম সঙ্গম;
সেই দৃশ্যের গা ঘেঁষে গুছিয়ে রাখব
রাস্তার পাশে ফুটে থাকা
অজানা আগাছার নাম—
নগ্ন শরীরের পাড় ধরে
হেঁটে যেতে-যেতে মরা মাছ
ভেসে উঠবে জলে,
ডুবে যাবে কবিতার খাতা

মাঝরাতে আয়ু বেড়ে গেলে
আমি লিখে ফেলব তোমাকে।

যাপন

প্রতিদিন চোখ খুললেই যুদ্ধের ছবি
জেগে উঠছে মাথার চারপাশে,
বেঁচে থাকব বলে খুব সহজে
মেরে ফেলছি শোক, ক্ষোভ, মান, অভিমান—
অথচ নাভির নীচে হাত রেখে
খিদেকে মিথ্যে ভাবতে পারছি না কিছুতেই

এক চুমুকে ধর্ম, অন্য চুমুকে রাজনীতি
আমাকে ভাসিয়ে রাখছে আজ;
ধুলোর ভেতর থেকে মুখ উঁচু করে
এইসব ছোট-ছোট পরিচ্ছেদ
আমি লিখে রাখছি কাগজে

আর আপনারাও কত সহজে
বিশ্বাস করে ফেলছেন তাকে।

সপ্তম ঋতু

নিঝুম হাওয়ায় নেমে আসে ঘন হিমস্মৃতি
ছায়ার ভেতরে ভেঙে পড়ে টুকরো-টুকরো ঘুম

ধরা যাক, কোনও এক বোবা শীতের রাতে
আমাকে ক্রমাগত রক্তাক্ত করে তুলল
হারিয়ে ফেলা শত্রুর শানানো তরবারি,
অথচ বার-বার চেষ্টা করেও
আতঙ্ক হল না, চাপ চাপ কান্না পেল না

যা কিছু অন্ধকার ছিল এতদিন—
তার খানিকটা সঙ্গে নিয়ে
ভেসে গেল সপ্তম ঋতু;

ইদানীং খুব সহজেই ক্ষমা করে দিই সকলকে

ধারালো অস্ত্রের পাশে শুয়ে
আমি চেয়ে দেখি এক পলাতক আকাশ,
তার মসৃণ গায়ে রক্তমাখা তারা,
বুনো গন্ধে ভেসে যায় দশ দিক

হাসতে-হাসতে ফিরে তাকাই নিজের দিকে;
আজকাল কত সহজেই ক্ষমা করে দিই নিজেকে।

পিছুটান

এক কবিতা থেকে আরেক কবিতার দিকে
চেয়ে উবু হয়ে বসে আছে
সহজ সকাল

দু আঙুলে লেগে থাকা
খণ্ড-খণ্ড চেনা উচ্চারণ

সেও আজ ছেড়ে চলে যায়।

মন কেমনের আলো

আমার শরীরের ভেতর আচমকাই
জেগে ওঠে একটা নতুন মানুষ;
তার মাথার উপরে অমীমাংসিত দিন—
প্রশ্নচিহ্নের মতো সে টের পায় অস্পষ্টতা

আমি চিনতে পারি না তাকে,
অথচ আমার ভেতর থেকে ডেকে ওঠে সে
আমার সমস্ত বর্ণপরিচয়কে সরিয়ে রেখে
সে খুলে বসে কবিতার খাতা

আমি চোখ বুজি
ঘুম আসে, ক্রমাগত বিলুপ্ত হই;
আমার আড়ালে চোখ খোলে
একটা ঠাণ্ডা মুখ—
তার দু হাতে শব্দ,
পায়ের নীচে সুদীর্ঘ মিছিল

কলমের আঁচড়ে সে লিখে চলে
মন কেমনের আলো আর শূন্যের রঙ।

ফেরা

এক

তারপর যদি ফিরে আসি
কোনও এক হঠাৎ বিকেলে,
পায়ে-পায়ে খেলে যায় এলোমেলো ধুলো—
উড়ে যায় খোলা হাসি, অলীক প্রহর

তারপর যদি তুমি ছুঁয়ে যাও
নতমুখ, স্নেহ মাখা গোপন চিবুক;
মুঠোর ভেতর চোখ বোজে পাহারা—

সূর্যাস্ত ফেলে রেখে এসে
দুই হাত পেতে চেয়ে নেব
সুদীর্ঘ সংলাপ।

ফেরা

দুই

পেছনে ফেরা মাত্র
দিন-রাত্রি মিশেছে সেতুতে,
চৌকাঠ আর ঘরের মাঝখানে
বিগত জলোচ্ছ্বাস;
কয়েক দিনের বৃষ্টি, স্মৃতি, নদী,
মাথার দু পাশে জমে থাকা সংসার—
সব ভেসে যাচ্ছে জলে

শব্দের ফুসফুসে উঁকি মারে আলো,
আর কবিতার ঠোঁটে চুমু খেয়ে
ধীরে-ধীরে উড়ে যায় চিল।

মুখোশের রঙ

ঝাপসা হয়ে আসা চোখের জল
আমাকে নির্দ্বিধায় চিনিয়ে দেয়
নক্ষত্র মাখা আকাশ,

কিছুক্ষণ বৃষ্টিতে ভিজে
চেনা আকাশের নীচে
আমার পরিচিত সীমান্ত
ভাগ হয়ে যায় অচেনা কাঁটাতারে,

এই বিভাজন, এই দূরত্ব
পেরিয়ে যেতে-যেতে
সহবাস, সন্দেহ, গন্তব্য—
কোনও কিছুই আর
টেনে ধরতে পারে না ঠিক;
খানিকটা অতিকথনের পাশে
হাঁ করে বসে থাকে নিরীহ আপোস

ঝাপসা হয়ে আসা নক্ষত্রের আলোয়
সম্পর্কের মাঝে উপনিবেশ ভেঙে
আমি মুছে ফেলি মুখোশের রঙ।

ভবিষ্যতের স্মৃতি

আমরা একটু বেশি সময় কাটাচ্ছি
ভবিষ্যতের কথা ভেবে;
বেশি কথা বলে ফেলছি একই বিষয়ে—
আমাদের স্নায়ুগুলো ভেঙে যেতে-যেতে
তৈরি করছে ভবিষ্যতের স্মৃতি

সারাদিন ধরে সরে যাচ্ছে পুরনো রাস্তা,
মাথার ওপর খোলস বদলাচ্ছে দিন

আমরা এর কিছুই জানলাম না—
কিছুই জানার ছিল না আমাদের।

বসন্ত বিকেল

অচেনা আলোর গন্ধে
পরিচিত দৃষ্টি বিনিময়—
দরজা খোলার পর
শহরের দিকে চেয়ে
দু চোখ বন্ধ হয়ে আসে

ধীরে-ধীরে উড়ে যায় পাখি,
বজ্রপাত লেখা থাকে
অগোছালো কবিতার পাশে

খানিকটা পথ হেঁটে
স্থায়ী-অন্তরা পার হয়ে
আমাদের দেখা হয়
কোনও এক বসন্ত বিকেলে।

সাদা কালো পথ

মাঝরাতে মালকোষ ঢেকে দিচ্ছে পরিচিত মুখ—
দু-এক গেলাস কথাবার্তা চালাতে-চালাতে
সাদা কালো পথ পার হয়ে ফাঁকা হাওয়ায়
তোমার মতোই ঘুমিয়ে পড়ছি আমি

যেসব মৃত্যু টোকা দিয়ে গেছে এতদিন,
কাল রাতে স্বপ্নে দেখেছি তাকে—
সকলের থেকে দূরে সরে গেছি আরও

এতসব জেনে তুমি ছেড়ে যেতে পারো—

আমি খোলসের মাঝখানে শীতঘুমে যাব।

মরা জ্যোৎস্নায়

আলো দিতে-দিতে নক্ষত্র মিশে গেছে সিল্যুয়েটে—
হারানো দুঃখের মতো ঝড়-কাদা-জল
নেমে আসছে পাখির ডানায়

পুরনো কবিগানে আমিও খুলে যাচ্ছি খোলে, করতালে;
এই ঝড়, এই জল আমাকে নিয়ে যাচ্ছে
অনেক দিনের বন্ধ কোনও ঘরে,
অন্ধকার সরিয়ে রাখছ তুমি—
আলো দিতে-দিতে নক্ষত্র থেমে যাচ্ছে মরা জ্যোৎস্নায়

যা কিছু উদ্ভ্রান্ত ছিল এতদিন,
তুমি তারও চেয়ে ব্যাখ্যার অতীত—
অন্ধের স্পর্শের মতো ঝড়-কাদা-জল
মিশে যাচ্ছে দশমীর চাঁদে।

মৃত্যু

চুপ করে শুয়ে আছে পথ
হাতের তালুতে নিখোঁজ অন্ধকার
কালো জলে ভাসে বালিহাঁস—
খড়কুটো উড়ে যায়,
ধোঁয়া ওঠে নীল মধ্যরাতে

অকারণে শবদেহ চলে গেছে দূরে
মিশে গেছে ছাই আর পড়ে থাকা নাভি;
দূরে মাথা নীচু করে ঠায় বসে মা—
চোখে জল, চারপাশ ঝাপসা দেখায়

একেকটা মৃত্যু জল-বায়ু-অগ্নি শুষে নেয়।

উঠোন ভরা দুপুর

উঠোন ভরা দুপুর
ছোট-ছোট মুদ্রায় নেমে যায়
ঠা ঠা রোদের অন্তরা-আভোগে,
দশদিকে ভীমপলশ্রী বেজে ওঠে—
সেই সুরের আঁকা-বাঁকা জলে
ভেঙে আসে পথ, ভাসানের দিকে
চেয়ে ঝরে পড়ে ক্ষুধার্তের গ্রাস;

পা বাড়ানোর আগে আরও একবার
প্রতিটা পঙ্‌ক্তি জুড়ে বৃত্তাকারে
ঘুরে যায় অদৃশ্য কাঙাল—

উঠোন ভরা উপবাস ভেঙে
অব্যর্থ আলো জ্বলে ওঠে
ভাতের থালার চারপাশে।

প্রশ্ন

কিছু প্রশ্ন ছেড়ে চলে যায় ভোর
আমার ঘরের ভিতর ঢুকে পড়ে একটা প্রবল শহর;
ধর্মগ্রন্থের পাশে আমি সাজিয়ে রাখি ধারালো ছুরিকা

কিছু প্রশ্ন ঢেলে রাখি গোপন গেলাসে—
মাঝে মাঝে পান করি তাকে,
মাঝে মাঝে ছুঁড়ে দিই
ফুটে ওঠা দোপাটির ডালে

গাছেদের দুই স্তনে লিখে রাখি
ফেলে আসা স্বপ্ন আর গনগনে ঘুম।

প্রাক্তন

এতদিন পরে তোমার চোখের দিকে চেয়ে
মনে হয় সময় হয়েছে—
সহজ পাখির মতো নিঃশব্দে উড়ে যায় ধুলো

প্রায় কাছাকাছি এসে
তুমি ফিরে গেলে দূরের শহরতলি খুঁজে,
মাঝরাতে ছায়া নামে ঘুমন্ত সেতু বরাবর

এতদিন পরে খড়কুটো দুই হাতে নিয়ে
আমি আজ বেঁচে উঠছি
বার-বার মৃত্যু পার হয়ে।

অভ্যাস

কোনও কৈফিয়ৎ ছাড়াই এখন
তাকিয়ে থাকি নিজের চোখের দিকে,
এক-একটা প্রশ্ন দেখে অবিরাম খুঁজি
ফেলে আসা অসম্পূর্ণ ভুল—
বার-বার প্রেমে পড়ে যাচ্ছি ভেবে
নিজেকে সংযত করি না আর;
তাকে তুমি সমর্থন করবে অথবা প্রতিবাদ—
এসব ঠিক লিখে উঠতে পারি নি আজও

এ বছর শীত এসে ফিরে গেছে দূরে;
শীতকাল কাছে এলে
বাতিল হয়ে যাবে বহুদিন জমিয়ে রাখা
ক্ষোভ, রাগ, ভয়—
বাকি সব ঘটে যাবে নিয়মের মতো

এরপরও যদি হঠাৎ করে
ভালবেসে ফেলি তোমাকে—

তুমি তাকে অভ্যাস বলে জেনো।

না

না, কেউ কথা বলি নি তারপর—
তোমার মুখের দিকে তাকিয়ে
বন্ধ হয়ে আসে আমার চোখ,
কিছুটা এগিয়ে পিছিয়ে আসি আবার

একটা অস্থির নীরবতা
আলেয়ার মতো জড়িয়ে ধরে আমাকে
সন্ধের পাখি দূরে উড়ে যায়

কাছে আসতে গেলে
দূরে যেতে হয় বার-বার
পাশে এসে বসে চেনা অন্ধকার

কোথায় যাওয়ার কথা—
মনে পড়ে নি তারপর

না, কেউ ফিরে তাকাই নি আর—
ফিরে আসতে গেলে
কাছে যেতে হয় বার-বার।

নতুন কবিতা

সমস্ত আকাশ আজ জেগে উঠছে
নিজস্ব আলোর দিকে চেয়ে
শিরা-উপশিরায় ছড়িয়ে পড়ছে
নতুন অক্ষর—
তোমার মুখের পাশে মায়ার মতো
লেগে আছে সচিত্র প্রচ্ছদ;
একমাত্র শব্দ ছাড়া আর কাউকেই
বিশ্বাস করতে পারি না ইদানীং

মানুষ আর গন্তব্যের মাঝখানে
থেমে আসে পুরনো সম্পর্কেরা,
বার-বার ভেসে যায়
কিছু বিচ্ছেদ, ভয়, অচেনা আলোর স্মৃতি

সফল ঋতুর পাশে এভাবেই বেড়ে ওঠে
নতুন কবিতা।

মিথের আড়ালে

একটা আশ্চর্য মিথের আড়ালে
সিসিফাসের মতো বিশাল পাথর
গড়িয়ে নিয়ে চলেছি পাহাড়ের চূড়ায়;
খানিকটা এগোচ্ছি আর পাথরের সাথে
আমিও নেমে আসছি নীচে—
এক মিনার সকাল বয়ে যাচ্ছে
আমার মাথার ভেতর

আজন্ম নির্বাসন নিয়ে
আমি ফিরে যাচ্ছি জন্মের দিকে,
একটা অসম্ভব স্বপ্নের ভেতরে
হাত নাড়ছি, পা নাড়ছি;
অথচ কোনও কিছুই আঁকড়ে ধরছি না

আমার খোলা চোখের সামনে
ভেঙে যাচ্ছে ঈশ্বরের আয়না,
ছয় ঋতুর মৃদু আবর্তন।

নাছোড় সকাল

একটা সকাল নাস্তানাবুদ করে চলেছে আমাকে

শহরের রাস্তায়-রাস্তায় দৌড়ে যাচ্ছে
পুরনো বাক্সবন্দী দিন,
রাজপথ শুয়ে আছে আমার বিছানায়

নিজেকে অন্ধকার ভাবতে-ভাবতে
হাতের তালুতে মিশিয়ে নিচ্ছি
অনিচ্ছা, অনীহা মাখানো মাটির শরীর;
তুমি খুঁজছ আমাকে—
অথচ তোমাকে চাইতে ইচ্ছে করছে না কিছুতেই

সকালটা কেবলই জ্বালাচ্ছে আমাকে
সকালটা ফিরে যেতে চাইছে না আর।

ব্যবধান

নির্জনতার মাঝখানে দাঁড়িয়ে
তুমি ফিরে দেখছ হারিয়ে ফেলা দিন;
অস্পষ্টতার আড়াল থেকে
মেপে নিচ্ছ আমাদের বেড়ে চলা বয়স
আর কমে আসা সময়ের দীর্ঘ ব্যবধান

এই অনিবার্য দূরত্বে দাঁড়িয়ে
কয়েক অক্ষর ঝরে পড়ছে জল,
অথচ এ সম্ভাবনার পরিণতি নেই কোনও

দু হাত পেতে তাকিয়ে আছ তুমি—
তোমাকে দেওয়ার মতো কিছুই নেই আমার,
এই নিরুপায় নির্জনতা ছেড়ে
একটা সুযোগ আজ তোমাকে দিলাম।

ভোর

ভোরবেলার মোরগের ডাক
আর নদীজলে ভেসে যাওয়া বিষের থলি
সিঁড়ি দিয়ে ধীরে-ধীরে নেমে যায় নীচে

মস্তিষ্কে দীর্ঘ ঘুম,
পুরনো আবদার গা ধুচ্ছে ভাঙা সংসারে,
নতুন সুড়ঙ্গপথে ফুরিয়ে আসে দিন;
নুন-হলুদ মাখানো রাত
অনায়াসে ভুলে যায় উঠোন ভর্তি অন্ধকার

আরও একটু বেঁচে থাকবে বলে
তুমি চিৎকার করে ওঠো
কয়েক পঙ্ক্তি শব্দ সাজিয়ে।

অপেক্ষার রঙ

বিশ্রাম চেয়েছ, তাই খুলেছ মুখোশ—
শূন্যের কাছে ফেলে আসা
বালি, তাপ, শহরের ধুলো;
ঘরে ফেরা পথে ফিকে হওয়া জলদাগ,
পায়ের নীচে ছড়িয়ে যাওয়া
এলোমেলো সমুদ্র-সঞ্চয়।

চোখ বন্ধ করে তুমি অনায়াসে চিনে ফেলছ
মৃদু গলা, মায়াপুরী, ভিড় রোশনাই—
অথচ মানুষের লক্ষণগুলো বুঝে ওঠার আগেই
তুমি ভুলে গেলে তোমার ঘরবসত, অপেক্ষার রঙ।

তাপমাত্রা বিষয়ক

এক

বিকেলে বৃষ্টিস্নান, চোখে উড়ে আসে ঘন শীত
মুখ ঢাকা চাদরের ভাঁজে
তাকে তুমি কাছে ডাকো খিদের নেশায়
খোলা চুল, ঘামবিন্দু পরতে পরতে

দেবতা চিনেছে এই শরীরের ঘ্রাণ,
পারদ বাড়ছে চেনা থার্মোমিটারে—
ঘুমে-অচেতনে জ্বর এলে
বসন্ত জাগে খোলা ঘরে।

তাপমাত্রা বিষয়ক

দুই

জলদেবতার সঙ্গে দেখা হল আজ
এক ডুবে উঠে এল পুরনো সেতার,
চেনা সুর নাড়া দেয় আঙুলের ফাঁকে
ঘুমের ভেতর ঘোর জ্বরের আরাম
স্মৃতি এসে ভিড় করে জিভের তলায়

ফিরে এসো, ফিরে এসো এই সংসারে—
দ্রুত শ্বাস জমা হয় ঘরের কোণায়,
তাপ বাড়ে, ব্যথা বাড়ে দেহে শুদ্ধস্বরে
পোড়াগন্ধে চিনে নাও তোমার সেতার।

ঘর

হাতের মুঠোয় থেমে আছে যত আয়ু,
অক্ষরবৃত্তের গা বেয়ে নেমে আসে শব্দ-শরীর
তাকে ছুঁয়ে দেখি, তাকে ছেড়ে আসি—
বহু দূরে আলো জ্বলে ওঠে,
শীত জমে পায়ে হাঁটা অচেনা রাস্তায়

সন্ধের পাশে কোনও শব্দ নেই আর—
নিঃসঙ্গতা নিয়ে প্রশ্ন নেই,
হারিয়ে যাওয়া স্মৃতি নেই,
এমনকি হেরে যাওয়ার-ও সম্ভাবনা নেই

ভয়কে সান্ত্বনা ভেবে ফিরে আসি ঘরে।

মানুষ ফেরার গন্ধে

ঝুঁকে পড়া ললাটরেখার নীচে
বেজে গেছে আশ্চর্য ত্রিতাল;
আঙুলে মধ্যযাম, স্তব লেখা মূর্ধার ওপারে—
চিবুকে গোপন আলো পিছুটানহীন

এরপর ঘোর লাগা রাত্রি বিনিময়;
পরাবৃত্ত আঁকা হলে
ঘরে ফেরে পাখি,
মানুষ ফেরার গন্ধে এসো জেগে উঠি—
যেভাবে স্পষ্ট হয়
পোড়োবাড়ি, ভাঙা পথ, যৌথ সোহাগ।

গ্রহণ

অহেতুক এইভাবে যেও না দূরে
কোথা থেকে শুরু করবে পথ,
কতটা সাবলীল হবে নির্লিপ্ততা—
এতসব সমীকরণের পাশে ঝুলে আছে
আমাদের নিছক অভ্যস্ত দিন

হাওয়ার নিষেধ মেনে থেমে আছে ঝরা পাতা—
থম মেরে বসে থাকে আবছায়া আলো
বালিহাঁসের মতো উড়ে আসে
রাজনীতি, সন্ত্রাস, বাতিল হিসেব

সমস্ত উপেক্ষা করে তুমি সরে যাবে দূরে,
আমি অনায়াসে মেনে নেব তাকে।

সভ্যতা

আলতো মোমবাতি নিভে যাচ্ছে
বিস্মৃতির কোনও চিহ্ন ছাড়াই,
কুয়াশা-বাতাস ছড়িয়ে দিচ্ছে
মাঝরাতের ঘন ক্যাফেইন

এই নির্জন অন্ধকারে
হয়তো ধ্যানই ছিল আমার একমাত্র গন্তব্য,
তবু ক্রমাগত ভেসে চলেছি জলে
পুরনো মাছের মতো

একটা বিশাল পুরাণ ঘুমিয়ে পড়ছে
আমার বুকের ভেতরে,
আমি ফিসফিসিয়ে জানতে চাইছি—
সভ্যতা ভাল আছে কিনা !

শীত

অতএব এভাবেই শীত নেমে আসে
শহরের দু চোখ এড়িয়ে
গাঢ় হয়, আলগা হয়,
রাজপথে সাজিয়ে রাখে পুরনো মদের মতো দিন

এক চিমটে চিনি আর এক চামচ চা
মিশিয়ে এক পেয়ালা আলো মাখি আমি,
নিঃশব্দে ভিজে যায় কার্তিকের হিম

জীবনের পাশাপাশি এই টলোমলো নৌকো,
মৃত্যুর পাশে ছোট চারাগাছ,
আর এ যাবৎ জমিয়ে রাখা আমার শীতঘুম—

এইসব জাদুপ্রবণতা পার হয়ে
আমি নিষ্পলক দাঁড়িয়ে থাকি।

লুকানো অসুখ

অবশেষে দেখা হল চারমাথার মোড়ে;
কথা হতে-হতে, কথা না হতে-হতে
কফিশপের ঠাণ্ডা আলোয়
বেড়ে গেল বাইরে এলিয়ে থাকা শীত—

আমার কাঁধে হাত রেখে দাঁড়াল সন্ধে,
পাহারা ভেঙে তুমিও হাত রাখলে আমার হাতে—
তোমার একপাশ পুরনো প্রেমিকের মতো
অন্য পাশ দেখা হয়নি আজও

কি যেন বলার ছিল—
আমি ভুলে গেছি সব,
আজ আমার চোখে চোখ নেই
আমার হাতে হাত নেই
স্তন, নাভি অসাড়, অবশ

এরপর দেখা হলে দিয়ে যেয়ো লুকানো অসুখ।

স্বাধীনতা

রাস্তা জুড়ে লম্বা মিছিল—
ধর্ম, বিশ্বাস, অধিকার ঝুলে আছে
তাদের দু হাতে

একটা অচেনা ঘরের দিকে এগিয়ে গেলাম আমি,
যেখান থেকে বেরোনোর রাস্তা জানা নেই;
কালো অন্ধকার ঘিরে আছে আমাকে
একটা ফুটন্ত সূর্য চেপে ধরল আমার গলা
ক্রমশ বন্ধ হয়ে এল শ্বাস
কপালে ঘাম, অস্পষ্ট হার্টবিট
আর বুকের পাশে জমে থাকা অবিশ্বাস—
প্রতিবাদের ভাষা নেই কোনও

কাউকে সন্দেহ করতে ভাল লাগে না আর—
বস্তুত স্বাধীনতা থেকে অনেকটা দূরে
থেমে আছি আমরা।

সূর্যাস্ত

আলোর মুদ্রার সামনে দাঁড়িয়ে
তুমি বেশ বুঝতে পারছ—
ক্রমশ তোমার ছায়া
দীর্ঘ হয়ে উঠছে তোমার চেয়ে
সূর্যাস্ত এগিয়ে আসছে কাছে

তোমার যশ, তোমার খ্যাতি, তোমার লোভ
তোমাকে দাঁড় করিয়ে দিচ্ছে
শূন্য আর দশমিকের মধ্যবর্তী সম্পর্কের গায়ে;
অজানা বালিশের নীচে
মুখ গুঁজে শুয়ে আছ তুমি,
আনত মাথার পাশে জমা হয়ে আছে
বহু দিন ধরে পেরিয়ে আসা পথ—
তোমার অভিমান আর বুঝতে চায় না কেউ

তুমি বড় হয়ে উঠছ
তোমার ছায়া আরও বড় হয়ে উঠছে তোমার চেয়ে

সূর্যাস্ত এসে হাত রাখছে তোমার হাতে।

সংসার

ঘুমের ভেতর কাঁটাতার পার হয়ে
মিশে যাচ্ছিলাম অচেনা মহাদেশে,

একটু-একটু করে গুছিয়ে রাখছিলাম
শরীরে লুকানো পোড়া দাগ, ঠুনকো অভিমান;
হারমোনিয়াম ছুঁয়ে-ছুঁয়ে চিনে নিচ্ছিলাম
হারিয়ে যাওয়া শুদ্ধস্বর, কোমল স্বর—
ঘাসের ওপর চিত হয়ে শুয়ে পড়ছিল
বহু দিন ধরে জমিয়ে রাখা যতিচিহ্ন

আবার কখন বাড়ি ফিরব,
ভেবে দেখতে ইচ্ছে হয় না আর

ঈশ্বরের বিছানায় শুয়ে-শুয়ে
একঘেয়ে হয়ে উঠছে আমার প্রতিটা অঙ্গ-প্রত্যঙ্গ

আজ, কাল, পরশু-যে কোনও দিন
পাঁচটা ইন্দ্রিয় ছুঁড়ে দিতে পারি পথে-ঘাটে

কাঁটাতার পার হয়ে তারপর ঘুম আসবে ঠিক।

শুশ্রূষা

একটা গভীর অসুখ তোমার পাকস্থলি
থেকে যকৃতে, যকৃৎ থেকে ফুসফুসে,
শিরা, স্নায়ু, ধমনী ভেদ করে
জড়িয়ে ধরছে তোমাকে

শ্বাসকষ্টে অন্ধকার হয়ে আসছে চারপাশ—
হাড় থেকে খসে পড়ছে মাংস,
আর সেই নারীমাংস চেখে দেখতে
ছুটে আসছে পুরুষকঙ্কাল;
তোমার পিঠ, কোমর, বুক, ঠোঁট
আঁচড়ে, কামড়ে নেওয়ার নেশায়
লালা জমছে তার জিভের কোণায়;
এদিকে তোমার রক্তে বেড়ে চলেছে কর্কট—

তুমি দাঁত, নখ, আগুন সরিয়ে
শুশ্রূষা শেখাচ্ছ তাকে।

শূন্যের কাছে স্বীকারোক্তি

একটা আত্মহত্যার ইচ্ছা
ঘুম এনে দেয় চোখে;
চেনা বিবৃতির মতো কয়েকটা স্বপ্ন এসে
দাঁড়ায় মাথার পাশে—
আমি চিনতে পারি না তাকে

শূন্যের খুব কাছে এসে
নির্দ্বিধায় স্বীকার করে নিই—
রাস্তা আর গন্তব্যের মধ্যে
বার-বার থেমে যায় পথ;
সযত্নে তুলে রাখি স্থগিত আড়াল

ইদানীং মাথার ভেতর
জট পাকিয়ে ওঠে কুয়াশা,
সম্ভাবনার বদলে বিশ্বাস
আর বিশ্বাসের বদলে প্রতিশ্রুতি
ক্রমাগত ঠেলে দেয় দূরে—
শূন্যের কাছে এসে স্বীকার করে নিই
সেই নিরুপায় প্রশ্নহীনতা

একটা আত্মহত্যার ইচ্ছা
আমাকে ফেরত পাঠায় দিনের আলোয়,
আমি স্নেহ লিখে রাখি।

www.ingramcontent.com/pod-product-compliance
Lightning Source LLC
Chambersburg PA
CBHW031502040426
42444CB00007B/1176
* 9 7 8 8 1 9 3 5 3 2 5 8 4 *